本書の特色と使い方

５段階指導で　どの子にも　確実に　高い漢字力が　身につきます。

1 書き順
正しい書き順が身につくよう，はじめに書き順を何度も練習しましょう。

読み方は，小学校で習うものを書いておきました。

2 漢字の読み
書き順のページを見て，どんな読み方をするのが一番よいのか考えて書きましょう。

答えあわせは，なぞり書きのページを見てしましょう。

3 なぞり書き
書き順と漢字の読み方を練習したあと，一字ずつお手本をなぞり書きしましょう。

同じページをコピーして何回もなぞり書きをすると，とても美しい文字が書けるようになります。また高い漢字力が自然に身につきます。

4 漢字の書き取り
前のページを見ないで，テストのつもりで，ていねいに書きましょう。

書いたあとは必ず，すぐに○をつけましょう。まちがった漢字は，くりかえし練習しましょう。

このページを２～３枚コピーしておいて，何度も練習するのもよいでしょう。

5 テスト
漢字の書き取りのページ，数枚につき，１回の割合で，まとめテストがあります。

その学年で習う新出漢字や読みかえ漢字を中心に出題しました。実力テストと思って，チャレンジしましょう。


やさしい手書き文字（書き順を除く）が，子どもたちの心をあたたかくはげまします。

書きじゅんに 気をつけて ていねいに 書きましょう

あたらしく出たかん字 P3～P5の書きじゅん

名まえ

かん字	音読み	訓読み	画数
読	トク・ドク・トウ	よむ	十四画
雪	セツ	ゆき	十一画
言	ゲン・ゴン	いう・こと	七画
行	コウ・ギョウ	いく・おこなう	六画
南	ナン	みなみ	九画
書	ショ	かく	十画
絵	カイ・エ		十二画
図	ズ・ト		七画
分	ブン・フン	わける・わかる	四画

書きじゅんに 気をつけて ていねいに 書きましょう

あたらしく出たかん字 P3～P5の書きじゅん

名まえ

かん字	音読み	訓読み	画数
方	ホウ	かた	四画
春	シュン	はる	九画
思	シ	おもう	九画
記	キ	しるす	十画
曜	ヨウ		十八画
肉	ニク		六画
話	ワ	はなす・はなし	十三画
聞	ブン	きく・きこえる	十四画

ていねいに よみがなを 書きましょう

名まえ

1. 本を読む
2. 雪がふる
3. ものを言う
4. そとに行く
5. 南をむく
6. 絵をかく
7. なかま分け
8. こん虫
9. ノートに書く
10. 音読する

ていねいに よみがなを 書きましょう

名まえ

1. 図書かん
2. ならべ方
3. 春がくる
4. 思い出す
5. 日記を書く
6. 土曜日
7. ひき肉
8. 話を聞く
9. 先生
10. 学校

ていねいに なぞり書きを しましょう

名まえ

1 本《ほん》を読《よ》む

2 雪《ゆき》がふる

3 ものを言《い》う

4 そとに行《い》く

5 南《みなみ》をむく

6 絵《え》をかく

7 なかま分《わ》け

8 こん虫《ちゅう》

9 ノートに書《か》く

10 音読《おんどく》する

ていねいに なぞり書きを しましょう

名まえ

1 図書《としょ》かん

2 ならべ方《かた》

3 春《はる》がくる

4 思《おも》い出《だ》す

5 日記《にっき》を書《か》く

6 土曜日《どようび》

7 ひき肉《にく》

8 話《はなし》を聞《き》く

9 先生《せんせい》

10 学校《がっこう》

かん字をていねいに書きましょう

名まえ

1 ほんを よむ
2 ゆきが ふる
3 ものを いう
4 そとに いく
5 みなみを むく
6 えを かく
7 なかまわけ
8 こんちゅう
9 ノートに かく
10 おんどくする

かん字をていねいに書きましょう

名まえ

1 としょかん
2 ならべかた
3 はるが くる
4 おもいだす
5 にっきを かく
6 どようび
7 ひきにく
8 はなしを きく
9 せんせい
10 がっこう

ていねいに よみがなを 書きましょう

名まえ

1 雪がつもる
2 竹やぶ
3 見上げる
4 南へ行く
5 はっきり言う
6 絵のぐ
7 読むはやさ
8 書き方
9 春になる
10 図書しつ

ていねいに よみがなを 書きましょう

名まえ

1 音がく
2 読書をする
3 記ろく
4 きん肉
5 月曜日
6 先生の話
7 音を聞く
8 白うさぎ
9 思い出
10 夕方

ていねいに
なぞり書きを　しましょう

名まえ

1 雪《ゆき》がつもる

2 竹《たけ》やぶ

3 見《み》上《あ》げる

4 南《みなみ》へ行《い》く

5 はっきり言《い》う

6 絵《え》のぐ

7 読《よ》むはやさ

8 書《か》き方《かた》

9 春《はる》になる

10 図《と》書《しょ》しつ

ていねいに
なぞり書きを　しましょう

名まえ

1 音《おん》がく

2 読《どく》書《しょ》をする

3 記《き》ろく

4 きん肉《にく》

5 月《げつ》曜《よう》日《び》

6 先《せん》生《せい》の話《はなし》

7 音《おと》を聞《き》く

8 白《しろ》うさぎ

9 思《おも》い出《で》

10 夕《ゆう》方《がた》

かん字を ていねいに書きましょう

名まえ

1 おんがく
2 どくしょを する
3 きろく
4 きんにく
5 げつようび
6 せんせいの はなし
7 おとを きく
8 しろうさぎ
9 おもいで
10 ゆうがた

かん字を ていねいに書きましょう

名まえ

1 ゆきが つもる
2 たけやぶ
3 みあげる
4 みなみへ いく
5 はっきり いう
6 えのぐ
7 よむ はやさ
8 かきかた
9 はるに なる
10 としょしつ

書きじゅんに 気をつけて ていねいに 書きましょう

あたらしく出たかん字 P10~P12 の書きじゅん

名まえ

かん字	音読み	訓読み	画数
黄	オウ	き	十一画
色	ショク シキ	いろ	六画
黒	コク	くろ くろい	十一画
太	タイ タ	ふとい ふとる	四画
毛	モウ	け	四画
高	コウ	たかい たか たかまる たかめる	十画
風	フウ	かぜ かざ	九画
晴	セイ	はれる はらす	十二画

書きじゅんに 気をつけて ていねいに 書きましょう

あたらしく出たかん字 P10~P12 P14~P16 の書きじゅん

名まえ

かん字	音読み	訓読み	画数
多	タ	おおい	六画
形	ケイ ギョウ	かた かたち	七画
長	チョウ	ながい	八画
数	スウ	かず かぞえる	十三画
体	タイ	からだ	七画
近	キン	ちかい	七画
同	ドウ	おなじ	六画

ていねいに よみがなを 書きましょう

名まえ

1 黄色い花
2 黒い毛
3 太いみき
4 高い木
5 風がふく
6 晴れの日
7 しめり気
8 人が多い
9 まるい形
10 ゆう名になる

ていねいに よみがなを 書きましょう

名まえ

1 生きもの
2 長さをはかる
3 うしろの方
4 大きな数
5 体の色
6 いえが近い
7 同じ形
8 ビー玉
9 天気を書く
10 文を読む

ていねいに なぞり書きを しましょう

名まえ

1. 黄《き》色《いろ》い花《はな》
2. 黒《くろ》い毛《け》
3. 太《ふと》いみき
4. 高《たか》い木《き》
5. 風《かぜ》がふく
6. 晴《は》れの日《ひ》
7. しめり気《け》
8. 人《ひと》が多《おお》い
9. まるい形《かたち》
10. ゆう名《めい》になる

ていねいに なぞり書きを しましょう

名まえ

1. 生《い》きもの
2. 長《なが》さをはかる
3. うしろの方《ほう》
4. 大《おお》きな数《かず》
5. 体《からだ》の色《いろ》
6. いえが近《ちか》い
7. 同《おな》じ形《かたち》
8. ビー玉《だま》
9. 天《てん》気《き》を書《か》く
10. 文《ぶん》を読《よ》む

かん字を ていねいに 書きましょう

名まえ

1 いきもの
2 ながさを はかる
3 うしろの ほう
4 おおきな かず
5 からだの いろ
6 いえが ちかい
7 おなじ かたち
8 ビーだま
9 てんきを かく
10 ぶんを よむ

かん字を ていねいに 書きましょう

名まえ

1 きいろい はな
2 くろい け
3 ふとい みき
4 たかい き
5 かぜが ふく
6 はれの ひ
7 しめりけ
8 ひとが おおい
9 まるい かたち
10 ゆうめいに なる

まとめテスト（1）

P5
P8
P12

名まえ

（1こ2てん）

①□《ゆき》が ふる 本を ②〔　〕《よむ》 ③□《はる》の ④□《かぜ》 ⑤□《みなみ》へ ⑥□《い》く

いけんを ⑦〔　〕《いう》 ⑧⑨□□《としょ》館《かん》 ⑩□《じ》を ⑪〔　〕《かく》

⑫⑬〔　〕《おもいだす》 ⑭⑮⑯□□□《どようび》の ⑰⑱□□《にっき》を つける

なかま ⑲〔　〕《わけ》 ⑳㉑□□《せんせい》と ㉒〔　〕《はなす》 ひき ㉓□《にく》

㉔㉕□□《きいろ》の ㉖□《はな》 ㉗〔　〕《くろい》 ㉘□《いし》 わた ㉙□《げ》が とぶ

㉚〔　〕《ふとい》 ㉛□《き》 せが ㉜〔　〕《たかい》 ㉝〔　〕《はれ》の ㉞㉟□□《てんき》

㊱□《はなし》を ㊲〔　〕《きく》 ㊳□《ひと》が ㊴〔　〕《おおい》 うしろの ㊵□《ほう》

㊶〔　〕《おなじ》 ㊷□《かたち》 ㊸〔　〕《ながさ》を はかる いえが ㊹〔　〕《ちかい》

大きな ㊺□《かず》 ㊻□《え》 ㊼㊽□□《おんどく》 こん ㊾□《ちゅう》の ㊿□《からだ》

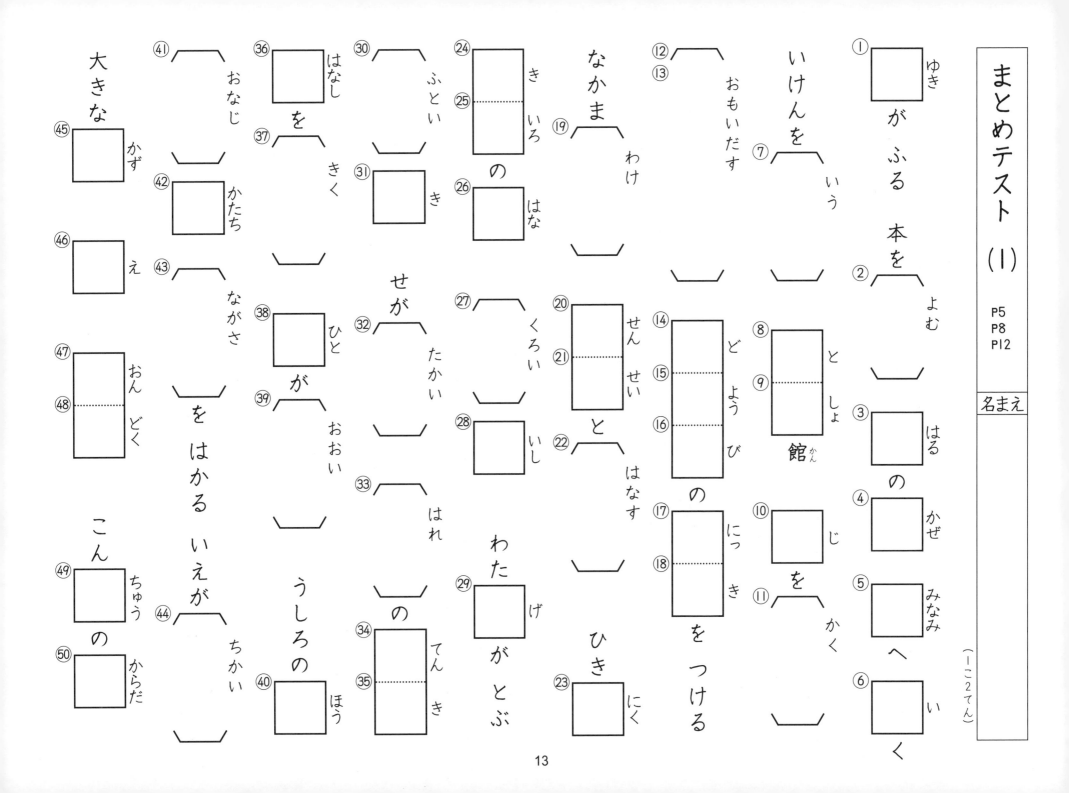

ていねいに よみがなを 書きましょう

名まえ

1. かんさつ名人
2. 気づく
3. 文を書く
4. 花の形
5. 数を数える
6. 近づける
7. 同じみち
8. よく分かる
9. 長生き
10. 見つける

ていねいに よみがなを 書きましょう

名まえ

1. 山の方
2. 日づけ
3. 月曜日
4. 天気よほう
5. 虫の体
6. 黄色のふく
7. 言い方
8. 花びら
9. 先生と話す
10. しゃぼん玉

ていねいに
なぞり書きを　しましょう

名まえ

1. かんさつ名《めい》人《じん》
2. 気《き》づく
3. 文《ぶん》を書《か》く
4. 花《はな》の形《かたち》
5. 数《かず》を数《かぞ》える
6. 近《ちか》づける
7. 同《おな》じみち
8. よく分《わ》かる
9. 長《なが》生《い》き
10. 見《み》つける

ていねいに
なぞり書きを　しましょう

名まえ

1. 山《やま》の方《ほう》
2. 日《ひ》づけ
3. 月《げつ》曜《よう》日《び》
4. 天《てん》気《き》よほう
5. 虫《むし》の体《からだ》
6. 黄《き》色《いろ》のふく
7. 言《い》い方《かた》
8. 花《はな》びら
9. 先《せん》生《せい》と話《はな》す
10. しゃぼん玉《だま》

かん字を ていねいに 書きましょう

名まえ

1. かんさつ めいじん
2. きづく
3. ぶんを かく
4. はなの かたち
5. かずを かぞえる
6. ちかづける
7. おなじ みち
8. よく わかる
9. ながいき
10. みつける

かん字を ていねいに 書きましょう

名まえ

1. やまの ほう
2. ひづけ
3. げつようび
4. てんきよほう
5. むしの からだ
6. きいろの ふく
7. いいかた
8. はなびら
9. せんせいと はなす
10. しゃぼんだま

書きじゅんに 気をつけて ていねいに 書きましょう

あたらしく出たかん字 P18〜P20の書きじゅん

名まえ

今《コン》《いま》 四画
ノ 人 𠆢 今
今 今 今

会《カイ》《あう》 六画
ノ 人 𠆢 亼 会 会
会 会 会

社《シャ》《やしろ》 七画
、 ラ ネ ネ 礻 社 社
社 社 社

刀《トウ》《かたな》 二画
フ 刀
刀 刀 刀

切《セツ》《きる・きれる》 四画
一 七 切 切
切 切 切

内《ナイ》《うち》 四画
丨 冂 内 内
内 内 内

店《テン》《みせ》 八画
、 亠 广 广 庁 庐 店 店
店 店 店

書きじゅんに 気をつけて ていねいに 書きましょう

あたらしく出たかん字 P18〜P20の書きじゅん

名まえ

姉《シ》《あね》 八画
く 女 女 女' 女亠 妒 姉 姉
姉 姉 姉

妹《いもうと》 八画
く 女 女 女一 女二 妹 妹 妹
妹 妹 妹

線《セン》 十五画
く 幺 幺 糸 糸 糸 糸 糸 約 約 約 約 綿 線 線
線 線 線

汽《キ》 七画
、 ：シ 氵 汁 汽 汽
汽 汽 汽

海《カイ》《うみ》 九画
、 ：シ 氵 汇 汇 海 海 海
海 海 海

回《カイ》《まわる・まわす》 六画
丨 冂 冂 冋 回 回
回 回 回

歩《ホ》《あるく・あゆむ》 八画
丨 ト 圡 止 屮 歨 歩 歩
歩 歩 歩

ていねいに よみがなを 書きましょう

名まえ

1 今から行く

2 会社にいる

3 小刀で切る

4 町内の店

5 姉と妹

6 太い線

7 汽車にのる

8 かん字を読む

9 海が見える

10 絵をかく

ていねいに よみがなを 書きましょう

名まえ

1 林と森

2 木の下で休む

3 村を歩く

4 八十回とぶ

5 赤い夕日

6 青い車

7 貝がら

8 田んぼ

9 川がながれる

10 王さま

ていねいに なぞり書きを しましょう

名まえ

1 今《いま》から行《い》く

2 会社《かいしゃ》にいる

3 小刀《こがたな》で切《き》る

4 町内《ちょうない》の店《みせ》

5 姉《あね》と妹《いもうと》

6 太《ふと》い線《せん》

7 汽車《きしゃ》にのる

8 かん字《じ》を読《よ》む

9 海《うみ》が見《み》える

10 絵《え》をかく

ていねいに なぞり書きを しましょう

名まえ

1 林《はやし》と森《もり》

2 木《き》の下《した》で休《やす》む

3 村《むら》を歩《ある》く

4 八《はち》十《じっ》回《かい》とぶ

5 赤《あか》い夕《ゆう》日《ひ》

6 青《あお》い車《くるま》

7 貝《かい》がら

8 田《た》んぼ

9 川《かわ》がながれる

10 王《おう》さま

かん字を ていねいに 書きましょう

名まえ

1 いまから いく

2 かいしゃに いる

3 こがたなで きる

4 ちょうないの みせ

5 あねと いもうと

6 ふとい せん

7 きしゃに のる

8 かんじを よむ

9 うみが みえる

10 えを かく

かん字を ていねいに 書きましょう

名まえ

1 はやしと もり

2 きの したで やすむ

3 むらを あるく

4 はちじっかい とぶ

5 あかい ゆうひ

6 あおい くるま

7 かいがら

8 たんぼ

9 かわが ながれる

10 おうさま

ていねいに よみがなを 書きましょう

名まえ

1 むかしと今
2 おたのしみ会
3 赤い線
4 姉の本
5 刀をぬく
6 晴れた日
7 百円のおかし
8 校内を歩く
9 一回休む
10 かみを切る

ていねいに よみがなを 書きましょう

名まえ

1 妹とあそぶ
2 線をひく
3 汽てき
4 青い海
5 学校の木
6 店でかう
7 会社に行く
8 森の中
9 村まつり
10 くり林

ていねいに なぞり書きを しましょう

名まえ

1 むかしと今《いま》

2 おたのしみ会《かい》

3 赤《あか》い線《せん》

4 姉《あね》の本《ほん》

5 刀《かたな》をぬく

6 晴《は》れた日《ひ》

7 百円《ひゃくえん》のおかし

8 校内《こうない》を歩《ある》く

9 一回《いっかい》休《やす》む

10 かみを切《き》る

ていねいに なぞり書きを しましょう

名まえ

1 妹《いもうと》とあそぶ

2 線《せん》をひく

3 汽《き》てき

4 青《あお》い海《うみ》

5 学校《がっこう》の木《き》

6 店《みせ》でかう

7 会社《かいしゃ》に行《い》く

8 森《もり》の中《なか》

9 村《むら》まつり

10 くり林《ばやし》

かん字を ていねいに 書きましょう

名まえ

1. むかしと いま
2. おたのしみかい
3. あかい せん
4. あねの ほん
5. かたなを ぬく
6. はれた ひ
7. ひゃくえんの おかし
8. こうないを あるく
9. いっかい やすむ
10. かみを きる

かん字を ていねいに 書きましょう

名まえ

1. いもうとと あそぶ
2. せんを ひく
3. きてき
4. あおい うみ
5. がっこうの き
6. みせで かう
7. かいしゃに いく
8. もりの なか
9. むらまつり
10. くりばやし

まとめテスト（２）

P16
P20
P23

名まえ

（一こ２てん）

①〔　〕《いき》もの　②□《あお》③□《いろ》の　ふく　かんさつ　④□《めい》⑤□《じん》

いろいろな　⑥□《ほう》から　⑦〔　〕《みる》　⑧□《はな》の　⑨□《かず》を　⑩〔　〕《かぞえる》

⑪□《いま》から　⑫〔　〕《いく》　⑬□《こう》⑭□《ない》　⑮〔　〕《ながさ》を　はかる

おとうさんの　⑯□《かい》⑰□《しゃ》　よく　⑱〔　〕《きれる》　⑲□《こ》⑳□《がたな》　㉑□《かい》がら

㉒□《あね》と　㉓□《いもうと》　㉔□《げつ》㉕□《よう》㉖□《び》　㉗□《ちょう》㉘□《ない》の　㉙□《みせ》

㉚□《き》㉛□《しゃ》に　のる　㉜〔　〕《ふとい》　㉝□《せん》で　㉞□《え》を　かく

㉟□《もり》に　㊱〔　〕《ちかづく》　なわとびを　㊲□《はち》㊳□《じっ》㊴□《かい》とぶ

㊵□《うみ》で　およぐ　㊶〔　〕《あかい》　㊷□《ゆう》㊸□《ひ》　㊹□《かわ》で　あそぶ

㊺□《おう》さまが　㊻〔　〕《あるく》　㊼□《むら》の　㊽□《た》んぼ　㊾□《はやし》の　㊿□《なか》

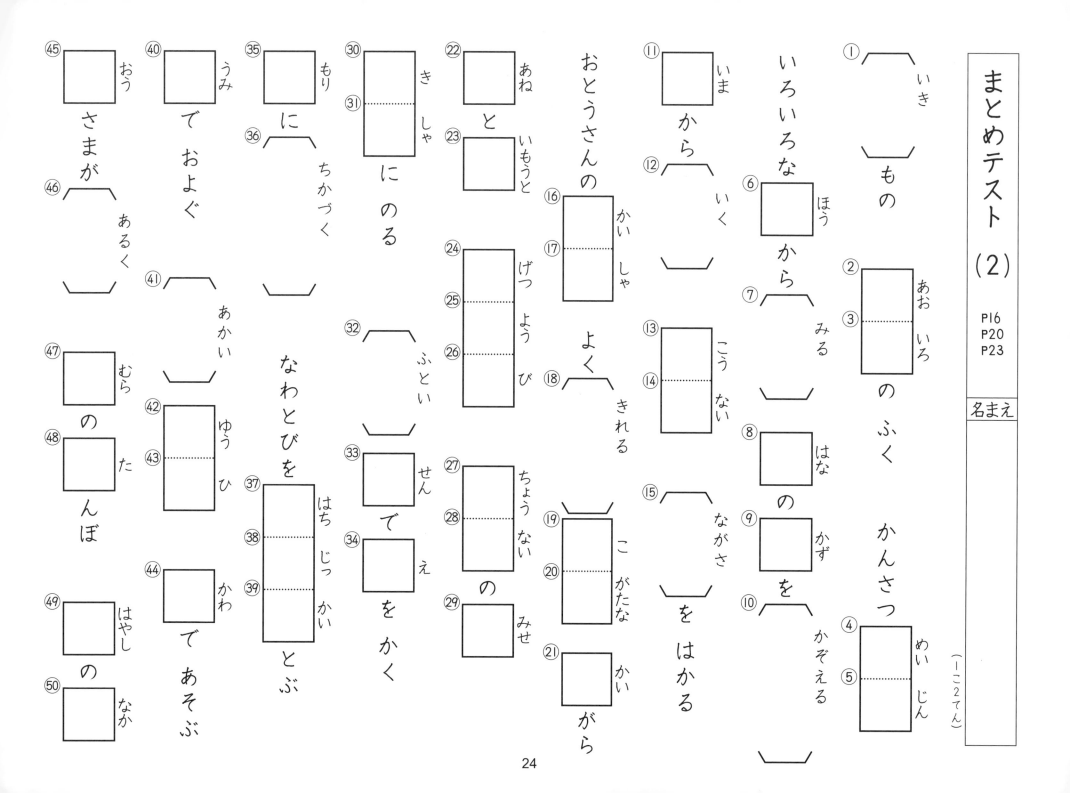

書きじゅんに 気をつけて ていねいに 書きましょう

あたらしく出たかん字 P26~P28 の書きじゅん

名まえ

かん字	音	訓	画数
魚	ギョ	うお さかな	十一画
広	コウ	ひろい ひろまる ひろげる	五画
前	ゼン	まえ	九画
元	ゲン ガン	もと	四画
岩	ガン	いわ	八画
教	キョウ	おしえる おそわる	十一画
光	コウ	ひかる ひかり	六画
知	チ	しる	八画

書きじゅんに 気をつけて ていねいに 書きましょう

あたらしく出たかん字 P26~P31 の書きじゅん

名まえ

かん字	音	訓	画数
考	コウ	かんがえる	六画
室	シツ		九画
組	ソ	くむ くみ	十一画
後	ゴ コウ	のち うしろ あと	九画
丸	ガン	まる まるい	三画
点	テン		九画
買	バイ	かう	十二画

ていねいに よみがなを 書きましょう

名まえ

1. 小さな魚
2. 広い海
3. 名前をよぶ
4. 元気になる
5. 水中にもぐる
6. 岩かげ
7. 草が生える
8. 風にゆれる
9. 赤い目
10. みちを教える

ていねいに よみがなを 書きましょう

名まえ

1. たいようの光
2. わかめの林
3. 魚を買う
4. からす貝
5. 見えない糸
6. 知らせる
7. 教室の中
8. よく考える
9. 正しく書く
10. どうぶつの形

ていねいに なぞり書きを しましょう

名まえ

1. 小《ちい》さな魚《さかな》
2. 広《ひろ》い海《うみ》
3. 名前《なまえ》をよぶ
4. 元気《げんき》になる
5. 水中《すいちゅう》にもぐる
6. 岩《いわ》かげ
7. 草《くさ》が生《は》える
8. 風《かぜ》にゆれる
9. 赤《あか》い目《め》
10. みちを教《おし》える

ていねいに なぞり書きを しましょう

名まえ

1. たいようの光《ひかり》
2. わかめの林《はやし》
3. 魚《さかな》を買《か》う
4. からす貝《がい》
5. 見《み》えない糸《いと》
6. 知《し》らせる
7. 教室《きょうしつ》の中《なか》
8. よく考《かんが》える
9. 正《ただ》しく書《か》く
10. どうぶつの形《かたち》

かん字を ていねいに 書きましょう

名まえ

1 ちいさな さかな
2 ひろい うみ
3 なまえを よぶ
4 げんきに なる
5 すいちゅうに もぐる
6 いわかげ
7 くさが はえる
8 かぜに ゆれる
9 あかい め
10 みちを おしえる

かん字を ていねいに 書きましょう

名まえ

1 たいようの ひかり
2 わかめの はやし
3 さかなを かう
4 からすがい
5 みえない いと
6 しらせる
7 きょうしつの なか
8 よく かんがえる
9 ただしく かく
10 どうぶつの かたち

ていねいに よみがなを 書きましょう

1 組み立て
2 前と後ろ
3 出会う
4 点をうつ
5 丸をつける
6 会話
7 一行目
8 形や色
9 先生が教える
10 二組の教室

名まえ

ていねいに よみがなを 書きましょう

1 赤い魚
2 話が広まる
3 光の中
4 元気が出る
5 海の岩
6 もの知り
7 考えぶかい
8 ほけん室
9 花を買う
10 広い店

名まえ

ていねいに なぞり書きを しましょう

名まえ

1. 組《く》み立《た》て
2. 前《まえ》と後《うし》ろ
3. 出《で》会《あ》う
4. 点《てん》をうつ
5. 丸《まる》をつける
6. 会《かい》話《わ》
7. 一《いち》行《ぎょう》目《め》
8. 形《かたち》や色《いろ》
9. 先《せん》生《せい》が教《おし》える
10. 二《に》組《くみ》の教室《きょうしつ》

ていねいに なぞり書きを しましょう

名まえ

1. 赤《あか》い魚《さかな》
2. 話《はなし》が広《ひろ》まる
3. 光《ひかり》の中《なか》
4. 元《げん》気《き》が出《で》る
5. 海《うみ》の岩《いわ》
6. もの知《し》り
7. 考《かんが》えぶかい
8. ほけん室《しつ》
9. 花《はな》を買《か》う
10. 広《ひろ》い店《みせ》

かん字を ていねいに 書きましょう

名まえ

1 くみたて

2 まえと うしろ

3 であう

4 てんを うつ

5 まるを つける

6 かいわ

7 いちぎょうめ

8 かたちや いろ

9 せんせいが おしえる

10 にくみの きょうしつ

かん字を ていねいに 書きましょう

名まえ

1 あかい さかな

2 はなしが ひろまる

3 ひかりの なか

4 げんきが でる

5 うみの いわ

6 ものしり

7 かんがえぶかい

8 ほけんしつ

9 はなを かう

10 ひろい みせ

書きじゅんに　気をつけて　ていねいに　書きましょう

かん字	音読み	訓読み	画数
友	ユウ	とも	四画
羽		は・はね	六画
雲	ウン	くも	十二画
夏	カ	なつ	十画
公	コウ		四画
園	エン		十三画
通	ツウ	とおる・かよう	十画
万	マン		三画
頭	トウ・ズ	あたま	十六画
鳥	チョウ	とり	十一画

あたらしく出たかん字 P33～P35の書きじゅん

名まえ

書きじゅんに　気をつけて　ていねいに　書きましょう

かん字	音読み	訓読み	画数
朝	チョウ	あさ	十二画
顔	ガン	かお	十八画
毎	マイ		六画
家	カ・ケ	いえ	十画
当	トウ	あたる・あてる	六画
間	カン・ケン	あいだ・ま	十二画
昼	チュウ	ひる	九画
半	ハン	なかば	五画
電	デン		十三画
外	ガイ	そと・ほか・はずす	五画

あたらしく出たかん字 P33～P35の書きじゅん

名まえ

ていねいに よみがなを 書きましょう

名まえ

1. 友だち
2. とんぼの羽
3. 雲の形
4. 夏休み
5. 公園
6. 店長さん
7. 一万円
8. 車が通る
9. 毎朝
10. 空っぽ

ていねいに よみがなを 書きましょう

名まえ

1. 頭の上
2. お金が足りる
3. 鳥がとぶ
4. 顔を見せる
5. 家の外
6. 手を当てる
7. その間
8. 昼ごはん
9. 半分にわける
10. 電話をかける

ていねいに なぞり書きを しましょう

名まえ

1 友《とも》だち

2 とんぼの羽《はね》

3 雲《くも》の形《かたち》

4 夏休《なつやす》み

5 公園《こうえん》

6 店長《てんちょう》さん

7 一万円《いちまんえん》

8 車《くるま》が通《とお》る

9 毎朝《まいあさ》

10 空《から》っぽ

ていねいに なぞり書きを しましょう

名まえ

1 頭《あたま》の上《うえ》

2 お金《かね》が足《た》りる

3 鳥《とり》がとぶ

4 顔《かお》を見《み》せる

5 家《いえ》の外《そと》

6 手《て》を当《あ》てる

7 その間《あいだ》

8 昼《ひる》ごはん

9 半分《はんぶん》にわける

10 電話《でんわ》をかける

かん字を ていねいに
書きましょう

名まえ

1. ともだち
2. とんぼの はね
3. くもの かたち
4. なつやすみ
5. こうえん
6. てんちょうさん
7. いちまんえん
8. くるまが とおる
9. まいあさ
10. からっぽ

かん字を ていねいに
書きましょう

名まえ

1. あたまの うえ
2. おかねが たりる
3. とりが とぶ
4. かおを みせる
5. いえの そと
6. てを あてる
7. その あいだ
8. ひるごはん
9. はんぶんに わける
10. でんわを かける

まとめテスト（3）

P28
P31
P35

名まえ

（一こ2てん）

①□《さかな》つり
②□《いわ》かげ
③④□□《きょう しつ》に⑤□《ひかり》が さす

⑥〔　〕《かんがえる》
⑦〔　〕《ひろい》へや
⑧〔　〕《しらせる》
⑨〔　〕《たりる》

⑩□《てん》と⑪□《まる》
⑫〔　〕《うしろ》の⑬□《ほう》
⑭⑮□□《げん き》
かべに⑯〔　〕《あたる》

⑰□《くさ》が⑱〔　〕《はえる》
⑲□《とも》だちと⑳〔　〕《あう》
㉑□《いえ》に かえる

㉒□《なつ》の㉓□《くも》
㉔㉕□□《こう えん》で あそぶ
㉖□《ひる》ごはん
㉗㉘□□《でん わ》

㉙□《あたま》と㉚□《かお》
㉛㉜□□《はん ぶん》に㉝〔　〕《きる》
㉞㉟□□《まい あさ》人が㊱〔　〕《とおる》

㊲㊳〔　〕《くみたて》
㊴□《ぎょう》を かえる
㊵㊶□□《てん ちょう》さん

㊷□《はな》を㊸〔　〕《かう》
㊹□《とり》の㊺□《はね》
一《いち》㊻㊼□□《まん えん》

㊽□《から》っぽ
㊾□《そと》あそび
㊿□《まえ》を むく

ていねいに よみがなを 書きましょう

名まえ

1. 見回る
2. 朝のあいさつ
3. どうぶつ園
4. 大切
5. 毎日
6. 間をあける
7. 半分ずつ
8. 後から行く
9. 家の中
10. 大当たり

ていねいに よみがなを 書きましょう

名まえ

1. 人間
2. お昼前
3. 電話で話す
4. 赤ちゃん
5. 日記に書く
6. 外に出る
7. 水中
8. 手当て
9. 元気な顔
10. 体をあらう

ていねいに なぞり書きを しましょう

名まえ

1 見回《みまわ》る

2 朝《あさ》のあいさつ

3 どうぶつ園《えん》

4 大切《たいせつ》

5 毎日《まいにち》

6 間《あいだ》をあける

7 半分《はんぶん》ずつ

8 後《あと》から行《い》く

9 家《いえ》の中《なか》

10 大当《おおあ》たり

ていねいに なぞり書きを しましょう

名まえ

1 人間《にんげん》

2 お昼《ひる》前《まえ》

3 電話《でんわ》で話《はな》す

4 赤《あか》ちゃん

5 日記《にっき》に書《か》く

6 外《そと》に出《で》る

7 水中《すいちゅう》

8 手当《てあ》て

9 元気《げんき》な顔《かお》

10 体《からだ》をあらう

かん字を ていねいに 書きましょう

名まえ

1 みまわる
2 あさの あいさつ
3 どうぶつえん
4 たいせつ
5 まいにち
6 あいだを あける
7 はんぶんずつ
8 あとから いく
9 いえの なか
10 おおあたり

かん字を ていねいに 書きましょう

名まえ

1 にんげん
2 おひるまえ
3 でんわで はなす
4 あかちゃん
5 にっきに かく
6 そとに でる
7 すいちゅう
8 てあて
9 げんきな かお
10 からだを あらう

書きじゅんに 気をつけて ていねいに 書きましょう

あたらしく出たかん字 P41〜P46 の書きじゅん

名まえ

弟《ダイ・おとうと》 七画
丶 丷 丷 当 肖 弟 弟

午《ゴ》 四画
ノ 𠂉 𠂉 午

夜《ヤ・よよる》 八画
丶 亠 广 疒 夜 夜 夜 夜

国《コク・くに》 八画
丨 冂 冂 冃 冃 国 国 国

語《ゴ・かたる》 十四画
丶 亠 亠 言 言 言 言 訂 訂 語 語 語 語 語

算《サン》 十四画
ノ 𠂉 𠂉 𥫗 𥫗 𥫗 竹 竹 笪 笪 笪 笪 算 算

れんしゅうしましょう

弟 午 夜 国 語 算

書きじゅんに 気をつけて ていねいに 書きましょう

あたらしく出たかん字 P41〜P43 の書きじゅん

名まえ

声《セイ・こえ》 七画
一 十 士 声 声 声 声

楽《ガク・ラク・たのしい・たのしむ》 十三画
ノ 亻 白 白 白 泊 泊 泊 泊 泊 楽 楽 楽

親《シン・おや・したしい》 十六画
丶 亠 ᅩ 立 立 辛 辛 亲 亲 新 新 親 親 親 親 親

父《フ・ちち》 四画
ノ ハ ク 父

母《ボ・はは》 五画
乚 口 口 口 母

兄《キョウ・あに》 五画
丨 口 口 尸 兄

れんしゅうしましょう

声 楽 親 父 母 兄

ていねいに よみがなを 書きましょう

名まえ

1 声を出す
2 楽しい話
3 本に親しむ
4 数えうた
5 親子
6 父と母
7 兄と姉
8 かわいい妹
9 弟のぼうし
10 家の人

ていねいに よみがなを 書きましょう

名まえ

1 お金をはらう
2 五百円の本
3 千円さつ
4 一万円
5 朝になる
6 昼休み
7 午前と午後
8 しずかな夜
9 正午
10 雨のち晴れ

ていねいに なぞり書きを しましょう

名まえ

1 声《こえ》を出《だ》す

2 楽《たの》しい話《はなし》

3 本《ほん》に親《した》しむ

4 数《かぞ》えうた

5 親子《おやこ》

6 父《ちち》と母《はは》

7 兄《あに》と姉《あね》

8 かわいい妹《いもうと》

9 弟《おとうと》のぼうし

10 家《いえ》の人《ひと》

ていねいに なぞり書きを しましょう

名まえ

1 お金《かね》をはらう

2 五《ご》百《ひゃく》円《えん》の本《ほん》

3 千《せん》円《えん》さつ

4 一《いち》万《まん》円《えん》

5 朝《あさ》になる

6 昼休《ひるやす》み

7 午《ご》前《ぜん》と午《ご》後《ご》

8 しずかな夜《よる》

9 正午《しょうご》

10 雨《あめ》のち晴《は》れ

かん字を ていねいに 書きましょう

名まえ

1. こえを だす
2. たのしい はなし
3. ほんに したしむ
4. かぞえ うた
5. おやこ
6. ちちと はは
7. あにと あね
8. かわいい いもうと
9. おとうとの ぼうし
10. いえの ひと

かん字を ていねいに 書きましょう

名まえ

1. おかねを はらう
2. ごひゃくえんの ほん
3. せんえんさつ
4. いちまんえん
5. あさに なる
6. ひるやすみ
7. ごぜんと ごご
8. しずかな よる
9. しょうご
10. あめのち はれ

ていねいに よみがなを 書きましょう

名まえ

1 かん字

2 父親

3 やさしい母

4 弟と妹

5 兄のつくえ

6 算数がとくい

7 体そうふく

8 国語の本

9 姉のかばん

10 大すきな音楽

ていねいに よみがなを 書きましょう

名まえ

1 朝日がのぼる

2 昼休み

3 親しい友

4 楽しい夜

5 教か書

6 数えことば

7 雪がふる

8 雨のち晴れ

9 赤、青、黄色

10 大きな声

ていねいに なぞり書きを しましょう

名まえ

1 かん字《じ》

2 父《ちち》親《おや》

3 やさしい母《はは》

4 弟《おとうと》と妹《いもうと》

5 兄《あに》のつくえ

6 算数《さんすう》がとくい

7 体《たい》そうふく

8 国語《こくご》の本《ほん》

9 姉《あね》のかばん

10 大《だい》すきな音楽《おんがく》

ていねいに なぞり書きを しましょう

名まえ

1 朝日《あさひ》がのぼる

2 昼休《ひるやす》み

3 親《した》しい友《とも》

4 楽《たの》しい夜《よる》

5 教《きょう》か書《しょ》

6 数《かぞ》えことば

7 雪《ゆき》がふる

8 雨《あめ》のち晴《は》れ

9 赤《あか》、青《あお》、黄《き》色《いろ》

10 大《おお》きな声《こえ》

かん字を ていねいに 書きましょう

名まえ

1 かんじ

2 ちちおや

3 やさしい はは

4 おとうとと いもうと

5 あにの つくえ

6 さんすうが とくい

7 たいそうふく

8 こくごの ほん

9 あねの かばん

10 だいすきな おんがく

かん字を ていねいに 書きましょう

名まえ

1 あさひが のぼる

2 ひるやすみ

3 したしい とも

4 たのしい よる

5 きょうかしょ

6 かぞえ ことば

7 ゆきが ふる

8 あめのち はれ

9 あか、あお、きいろ

10 おおきな こえ

まとめテスト（4）

P39
P43
P46

名まえ

（1こ2てん）

① （　）《たのしい》

② □《よる》

③ □《ちち》と④ □《はは》

⑤ □《おや》と⑥ □《こ》

⑦ □《あに》と⑧ □《おとうと》

⑨ □《はん》⑩ □《ぶん》

⑪ □《ご》⑫ □《ご》からあそぶ

⑬ □《ご》⑭ □《ぜん》中

⑮ □《さん》⑯ □《すう》のもんだい

⑰ □《こく》⑱ □《ご》の⑲ □《ほん》

⑳ □《だい》すきな

㉑ □《おん》㉒ □《がく》

㉓ （　）《したしい》

㉔ □《とも》

見㉕ （　）《まわる》

㉖ □《あさ》のあいさつ

㉗ □《まい》日を

㉘ □《げん》㉙ □《き》にすごす

㉚ □《たい》いく

㉛ （　）《はれ》の㉜ □《てん》㉝ □《き》

㉞ □《あと》をおう

㉟ □《ゆき》だるま

㊱ □《たい》㊲ □《せつ》

お㊳ □《かね》

㊴ □《せん》人あつまる

㊵ □《ひゃっ》ぴき

㊶ □《しろ》と㊷ □《くろ》

㊸ □《あか》えんぴつ

㊹ （　）《あおい》くつ

㊺ （　）《ちいさな》

㊻ □《こえ》

㊼ □《あいだ》

㊽ （　）《かぞえる》

㊾ □《にん》㊿ □《げん》

書きじゅんに 気をつけて ていねいに 書きましょう

紙《シ》《かみ》	来《ライ》《くる》	時《ジ》《とき》	帰《キ》《かえる》《かえす》	何《なに》《なん》
十画	七画	十画	十画	七画
く 幺 幺 糸 糸 糸 糸 紅 紅 紙	一 冖 冖 立 平 平 来	丨 冂 日 日 日 日 旪 旪 時 時	丨 リ リ リ リ リ 帰 帰 帰 帰	ノ 亻 仁 仃 何 何 何
紙 紙 紙	来 来 来	時 時 時	帰 帰 帰	何 何 何

あたらしく出たかん字 P49~P51の書きじゅん

名まえ

れんしゅうしましょう

紙	来	時	帰	何
紙	来	時	帰	何
紙	来	時	帰	何

書きじゅんに 気をつけて ていねいに 書きましょう

里《リ》《さと》	食《ショク》《くう》《たべる》	明《メイ》《ミョウ》《あかり》《あかるい》	池《チ》《いけ》	週《シュウ》
七画	九画	八画	六画	十一画
丨 口 日 日 甲 甲 里	ノ 人 へ 今 今 今 今 食 食	丨 冂 日 日 明 明 明 明	丶 冫 氵 汀 汁 池	丿 冂 月 円 円 用 周 周 周 調 週
里 里 里	食 食 食	食 食 食	池 池 池	週 週 週

あたらしく出たかん字 P49~P51の書きじゅん

名まえ

番《バン》

十二画

一 ㇐ ㇐ 立 平 平 平 采 番 番 番 番

番 番 番

れんしゅうしましょう

里	食	食	池	週	番
里	食	食	池	週	番
里	食	食	池	週	番

ていねいに よみがなを 書きましょう

名まえ

1. 手紙をまつ
2. やって来る
3. 時がたつ
4. 家へ帰る
5. 何か書く
6. 親友がいる
7. 昼ねの時間
8. こしを下ろす
9. 毎日、空っぽ
10. かなしい気分

ていねいに よみがなを 書きましょう

名まえ

1. 山里
2. 食べもの
3. 空が明るい
4. 池の水
5. 本を読む
6. 海の生きもの
7. じゅん番
8. 週休二日
9. 風むき
10. 音読をする

ていねいになぞり書きを しましょう

名まえ

1 手《て》紙《がみ》をまつ

2 やって来《く》る

3 時《とき》がたつ

4 家《いえ》へ帰《かえ》る

5 何《なに》か書《か》く

6 親《しん》友《ゆう》がいる

7 昼《ひる》ねの時《じ》間《かん》

8 こしを下《お》ろす

9 毎《まい》日《にち》、空《から》っぽ

10 かなしい気《き》分《ぶん》

ていねいになぞり書きを しましょう

名まえ

1 山《やま》里《ざと》

2 食《た》べもの

3 空《そら》が明《あか》るい

4 池《いけ》の水《みず》

5 本《ほん》を読《よ》む

6 海《うみ》の生《い》きもの

7 じゅん番《ばん》

8 週《しゅう》休《きゅう》二日《ふつか》

9 風《かざ》むき

10 音《おん》読《どく》をする

かん字を ていねいに 書きましょう

名まえ

1. てがみを まつ
2. やって くる
3. ときが たつ
4. いえへ かえる
5. なにか かく
6. しんゆうが いる
7. ひるねの じかん
8. こしを おろす
9. まいにち、からっぽ
10. かなしい きぶん

かん字を ていねいに 書きましょう

名まえ

1. やまざと
2. たべもの
3. そらが あかるい
4. いけの みず
5. ほんを よむ
6. うみの いきもの
7. じゅんばん
8. しゅうきゅう ふつか
9. かざむき
10. おんどくを する

ていねいに よみがなを 書きましょう

名まえ

1 風車
2 今週のよてい
3 水やり当番
4 おり紙
5 人が来る
6 親切な姉
7 里の村
8 小さな子ども
9 妹と帰る
10 いもを食べる

ていねいに よみがなを 書きましょう

名まえ

1 今、何時
2 思いうかべる
3 よく考える
4 読み方
5 手紙が来る
6 一週間
7 きれいな池
8 一番になる
9 里いも
10 明るい色

ていねいに なぞり書きを しましょう

名まえ

1 風車《かざぐるま》

2 今週《こんしゅう》のよてい

3 水《みず》やり当番《とうばん》

4 おり紙《がみ》

5 人《ひと》が来《く》る

6 親切《しんせつ》な姉《あね》

7 里《さと》の村《むら》

8 小《ちい》さな子《こ》ども

9 妹《いもうと》と帰《かえ》る

10 いもを食《た》べる

ていねいに なぞり書きを しましょう

名まえ

1 今《いま》、何時《なんじ》

2 思《おも》いうかべる

3 よく考《かんが》える

4 読《よ》み方《かた》

5 手紙《てがみ》が来《く》る

6 一週間《いっしゅうかん》

7 きれいな池《いけ》

8 一番《いちばん》になる

9 里《さと》いも

10 明《あか》るい色《いろ》

かん字を ていねいに 書きましょう

名まえ

1. かざぐるま
2. こんしゅうの よてい
3. みずやり とうばん
4. おりがみ
5. ひとが くる
6. しんせつな あね
7. さとの むら
8. ちいさな こども
9. いもうとと かえる
10. いもを たべる

かん字を ていねいに 書きましょう

名まえ

1. いま、なんじ
2. おもいうかべる
3. よく かんがえる
4. よみ かた
5. てがみが くる
6. いっしゅうかん
7. きれいな いけ
8. いちばんに なる
9. さといも
10. あかるい いろ

書きじゅんに 気をつけて ていねいに 書きましょう

あたらしく出たかん字 P56~P58の書きじゅん

名まえ

かん字	よみ	画数	書きじゅん
東	トウ ひがし	八画	一 丅 戸 戸 百 申 東 東
京	キョウ	八画	丶 亠 亠 古 古 亨 京 京
古	コ ふるい ふるす	五画	一 十 十 古 古
寺	ジ てら	六画	一 十 土 圭 寺 寺
西	セイ サイ にし	六画	一 一 冂 冂 丙 西 西
止	シ とまる とめる	四画	丨 ト 止 止
道	ドウ みち	十二画	丶 ソ 䒑 䒑 产 肖 首 首 首 道 道 道
場	ジョウ ば	十二画	一 十 土 圠 圦 坦 坦 坦 埕 場 場 場
台	ダイ タイ	五画	𠃋 厶 台 台 台

書きじゅんに 気をつけて ていねいに 書きましょう

あたらしく出たかん字 P56~P58 P60~P62の書きじゅん

名まえ

かん字	よみ	画数	書きじゅん
新	シン あたらしい あらた	十三画	丶 亠 亠 立 立 立 辛 辛 亲 亲 新 新 新
船	セン ふね ふな	十一画	ノ 丿 力 月 月 舟 舟 舟 船 船 船
米	ベイ マイ こめ	六画	丶 丷 丷 半 米 米
秋	シュウ あき	九画	一 二 千 禾 禾 禾 秒 秋 秋
合	ゴウ ガッ あう あわせる	六画	ノ 人 亼 今 合 合
活	カツ	九画	丶 冫 氵 氵 汗 汗 活 活 活
理	リ	十一画	一 丅 干 王 玎 玑 珂 理 理 理 理
作	サク サ つくる	七画	ノ イ 亻 仁 作 作 作

ていねいに よみがなを 書きましょう

名まえ

1. 東京タワー
2. 古い本
3. お寺のかね
4. 九月九日
5. 西日がさす
6. 夜が明ける
7. 車が止まる
8. さか道を下る
9. 新しい船
10. 広場に入る

ていねいに よみがなを 書きましょう

名まえ

1. 台から下りる
2. 秋まつり
3. お米を入れる
4. 一日の生活
5. 下山する
6. 出し合う
7. りょう理
8. 何時ですか
9. パンを作る
10. 金魚をかう

ていねいに なぞり書きを しましょう

名まえ

1 東京《とうきょう》タワー
2 古《ふる》い本《ほん》
3 お寺《てら》のかね
4 九月《くがつ》九日《ここのか》
5 西日《にしび》がさす
6 夜《よ》が明《あ》ける
7 車《くるま》が止《と》まる
8 さか道《みち》を下《くだ》る
9 新《あたら》しい船《ふね》
10 広場《ひろば》に入《はい》る

ていねいに なぞり書きを しましょう

名まえ

1 台《だい》から下《お》りる
2 秋《あき》まつり
3 お米《こめ》を入《い》れる
4 一日《いちにち》の生活《せいかつ》
5 下山《げざん》する
6 出《だ》し合《あ》う
7 りょう理《り》
8 何時《なんじ》ですか
9 パンを作《つく》る
10 金魚《きんぎょ》をかう

かん字を ていねいに 書きましょう

名まえ

1 とうきょうタワー
2 ふるい ほん
3 おてらの かね
4 くがつ ここのか
5 にしびが さす
6 よが あける
7 くるまが とまる
8 さかみちを くだる
9 あたらしい ふね
10 ひろばに はいる

かん字を ていねいに 書きましょう

名まえ

1 だいから おりる
2 あきまつり
3 おこめを いれる
4 いちにちの せいかつ
5 げざんする
6 だしあう
7 りょうり
8 なんじですか
9 パンを つくる
10 きんぎょを かう

まとめテスト（5）

P51
P54
P58

名まえ

（一こ2てん）

①□《しん》②□《ゆう》とあそぶ　ごはんを③（　）《たべる》　④□《こん》⑤□《しゅう》　⑥□《かざ》⑦□《ぐるま》

山⑧□《ざと》　そうじ　⑨□《とう》⑩□《ばん》　⑪□《とう》⑫□《きょう》タワー

⑬□《よ》が⑭（　）《あける》　⑮□《だい》の⑯□《した》　⑰□《いえ》へ⑱（　）《かえる》

⑲□《あき》まつり　⑳□《きん》㉑□《ぎょ》　㉒□《て》㉓□《がみ》が㉔（　）《くる》

㉕（　）《ふるい》　㉖□《いけ》　㉗□《うみ》の㉘（　）《いき》もの　その㉙□《とき》をまつ

㉚□《なに》か㉛（　）《かく》　㉜（　）《あたらしい》くつ　お㉝□《てら》のかね

㉞□《ひろ》㉟□《ば》にあつまる　㊱□《り》由《ゆう》を㊲（　）《かんがえる》　㊳□《ふね》にのる

お㊴□《こめ》を㊵（　）《つくる》　ちえを㊶㊷（　）《だしあう》　㊸□《ひる》ね

㊹□《くるま》が㊺（　）《とまる》　㊻□《にし》㊼□《び》がさす　より㊽□《みち》をする

㊾□《せい》㊿□《かつ》

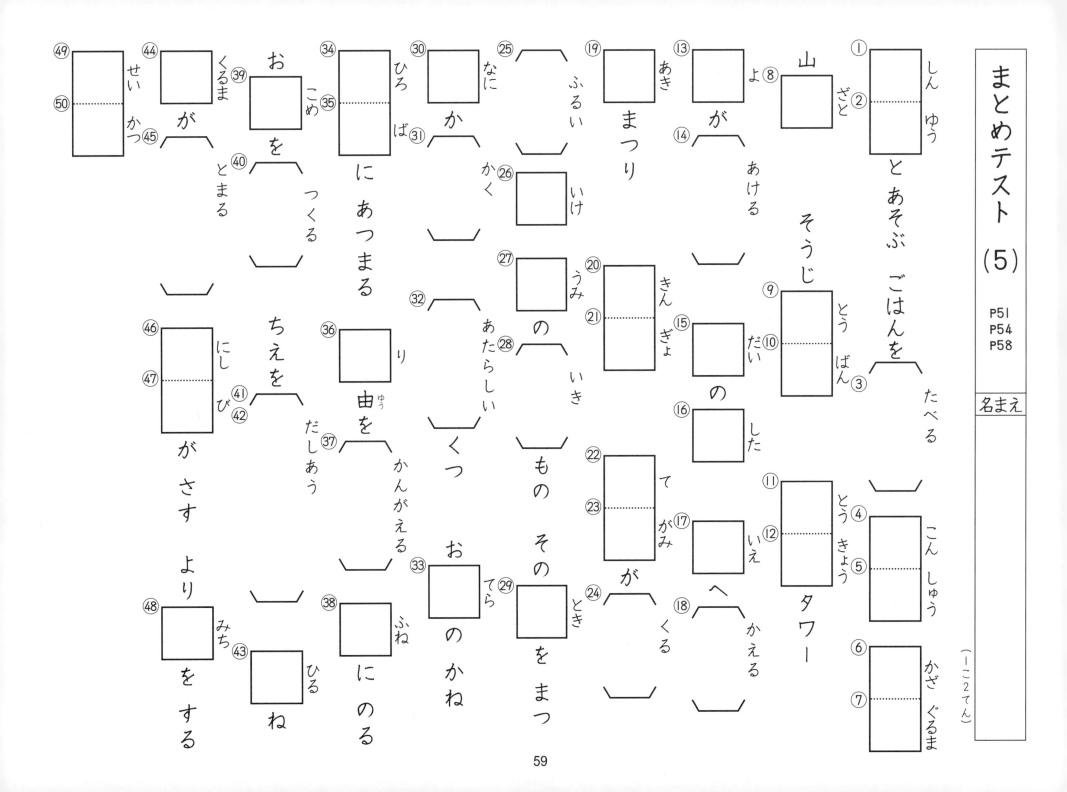

ていねいに よみがなを 書きましょう

名まえ

1 力を合わす
2 何こも食べる
3 ろう下
4 木の下
5 秋をかんじる
6 頭を下げる
7 さか道を下る
8 作文を書く
9 川下のながれ
10 新しい生活

ていねいに よみがなを 書きましょう

名まえ

1 思った理ゆう
2 川上であそぶ
3 つみ上げる
4 台に上る
5 おく上に出る
6 草が生える
7 弟が生まれる
8 おかしを作る
9 中に入れる
10 へやに入る

ていねいに なぞり書きを しましょう

名まえ

1 力《ちから》を合《あ》わす

2 何《なん》こも食《た》べる

3 ろう下《か》

4 木《き》の下《した》

5 秋《あき》をかんじる

6 頭《あたま》を下《さ》げる

7 さか道《みち》を下《くだ》る

8 作文《さくぶん》を書《か》く

9 川下《かわしも》のながれ

10 新《あたら》しい生活《せいかつ》

ていねいに なぞり書きを しましょう

名まえ

1 思《おも》った理《り》ゆう

2 川上《かわかみ》であそぶ

3 つみ上《あ》げる

4 台《だい》に上《のぼ》る

5 おく上《じょう》に出《で》る

6 草《くさ》が生《は》える

7 弟《おとうと》が生《う》まれる

8 おかしを作《つく》る

9 中《なか》に入《い》れる

10 へやに入《はい》る

かん字を ていねいに
書きましょう

名まえ

1 ちからを あわす

2 なんこも たべる

3 ろうか

4 きの した

5 あきを かんじる

6 あたまを さげる

7 さかみちを くだる

8 さくぶんを かく

9 かわしもの ながれ

10 あたらしい せいかつ

かん字を ていねいに
書きましょう

名まえ

1 おもった りゆう

2 かわかみで あそぶ

3 つみ あげる

4 だいに のぼる

5 おくじょうに でる

6 くさが はえる

7 おとうとが うまれる

8 おかしを つくる

9 なかに いれる

10 へやに はいる

書きじゅんに 気をつけて ていねいに 書きましょう

あたらしく出たかん字 P64～P69 の書きじゅん

名まえ

かん字	読み	画数	書きじゅん
馬	バ／うま・ま	十画	… 馬
画	ガ・カク	八画	… 画
用	ヨウ／もちいる	五画	… 用
首	シュ／くび	九画	… 首
細	サイ／ほそい・こまかい	十一画	… 細
角	カク／かど・つの	七画	… 角
工	コウ・ク	三画	一 丅 工
科	カ	九画	… 科
鳴	メイ／なく・なる	十四画	… 鳴

書きじゅんに 気をつけて ていねいに 書きましょう

あたらしく出たかん字 P67～P69 の書きじゅん

名まえ

かん字	読み	画数	書きじゅん
戸	コ／と	四画	… 戸
麦	むぎ	七画	… 麦
茶	チャ	九画	… 茶
地	ジ・チ	六画	… 地
市	シ／いち	五画	… 市
自	ジ・シ／みずから	六画	… 自
歌	カ／うた・うたう	十四画	… 歌
心	シン／こころ	四画	… 心
答	トウ／こたえる・こたえ	十二画	… 答

ていねいに よみがなを 書きましょう

名まえ

1 馬の体
2 空きばこ
3 色画用紙
4 首かざり
5 生活科
6 図画工作
7 作り方を学ぶ
8 紙コップ
9 細長い
10 半分に切る

ていねいに よみがなを 書きましょう

名まえ

1 四角形
2 顔を作る
3 分かりやすい
4 文の組み立て
5 細い毛糸
6 何回もつづく
7 けん玉
8 絵やしゃしん
9 友だちと話す
10 気をつける

ていねいになぞり書きを　しましょう

名まえ

1. 馬《うま》の体《からだ》
2. 空《あ》きばこ
3. 色《いろ》画用紙《がようし》
4. 首《くび》かざり
5. 生活科《せいかつか》
6. 図画工作《ずがこうさく》
7. 作《つく》り方《かた》を学《まな》ぶ
8. 紙《かみ》コップ
9. 細長《ほそなが》い
10. 半分《はんぶん》に切《き》る

ていねいになぞり書きを　しましょう

名まえ

1. 四角形《しかくけい》
2. 顔《かお》を作《つく》る
3. 分《わ》かりやすい
4. 文《ぶん》の組《く》み立《た》て
5. 細《ほそ》い毛糸《けいと》
6. 何回《なんかい》もつづく
7. けん玉《だま》
8. 絵《え》やしゃしん
9. 友《とも》だちと話《はな》す
10. 気《き》をつける

かん字を ていねいに 書きましょう

名まえ

1 うまの からだ
2 あきばこ
3 いろがようし
4 くびかざり
5 せいかつか
6 ずがこうさく
7 つくりかたを まなぶ
8 かみコップ
9 ほそながい
10 はんぶんに きる

かん字を ていねいに 書きましょう

名まえ

1 しかくけい
2 かおを つくる
3 わかりやすい
4 ぶんの くみたて
5 ほそい けいと
6 なんかいも つづく
7 けんだま
8 えや しゃしん
9 ともだちと はなす
10 きを つける

ていねいに よみがなを 書きましょう

名まえ

1. 雨戸をしめる
2. かねが鳴る
3. 麦茶をのむ
4. 外国の土地
5. 人の名前
6. はつめい家
7. 市場に行く
8. 算数がとくい
9. 百円玉
10. 自分のこと

ていねいに よみがなを 書きましょう

名まえ

1. 数をあらわす
2. 歌を歌う
3. 教科書
4. 晴れた朝
5. といに答える
6. 心の中
7. その間
8. 春の花
9. 元気な二年生
10. 鳴き声

ていねいに
なぞり書きを　しましょう

名まえ

1 雨戸《あまど》をしめる
2 かねが鳴《な》る
3 麦茶《むぎちゃ》をのむ
4 外国《がいこく》の土地《とち》
5 人《ひと》の名前《なまえ》
6 はつめい家《か》
7 市場《いちば》に行《い》く
8 算数《さんすう》がとくい
9 百円玉《ひゃくえんだま》
10 自分《じぶん》のこと

ていねいに
なぞり書きを　しましょう

名まえ

1 数《かず》をあらわす
2 歌《うた》を歌《うた》う
3 教科書《きょうかしょ》
4 晴《は》れた朝《あさ》
5 といに答《こた》える
6 心《こころ》の中《なか》
7 その間《あいだ》
8 春《はる》の花《はな》
9 元気《げんき》な二年生《にねんせい》
10 鳴《な》き声《ごえ》

かん字を ていねいに 書きましょう

名まえ

1. あまどを しめる
2. かねが なる
3. むぎちゃを のむ
4. がいこくの とち
5. ひとの なまえ
6. はつめいか
7. いちばに いく
8. さんすうが とくい
9. ひゃくえんだま
10. じぶんの こと

かん字を ていねいに 書きましょう

名まえ

1. かずを あらわす
2. うたを うたう
3. きょうかしょ
4. はれた あさ
5. といに こたえる
6. こころの なか
7. その あいだ
8. はるの はな
9. げんきな にねんせい
10. なきごえ

まとめテスト（6）

P62
P66
P69

名まえ

（一こ2てん）

①□《うま》にのる

②□《ちから》を③④（　）《だしあう》

⑤□《ず》⑥□《が》⑦□《こう》⑧□《さく》

⑨□《せい》⑩□《かつ》⑪□《か》

⑫□《くび》かざり

⑬□《じ》⑭□《ぶん》の⑮□《こころ》

⑯□《むぎ》⑰□《ちゃ》をのむ

⑱（　）《ほそい》

⑲□《け》⑳□《いと》

㉑□《くさ》が㉒（　）《はえる》

㉓□《きょう》㉔□《か》㉕□《しょ》

㉖□《がい》㉗□《こく》

㉘（　）《まなぶ》

㉙□《さん》㉚□《すう》のもんだい

㉛□《し》㉜□《かく》㉝□《けい》のはこ

㉞（　）《なき》㉟□《ごえ》

㊱□《あま》㊲□《ど》をしめる

㊳□《うた》を㊴（　）《うたう》

㊵□《いち》㊶□《ば》

㊷□《はん》㊸□《ぶん》に㊹㊺（　）《きりわける》

もんだいに㊻（　）《こたえる》

たんけん㊼□《か》

㊽（　）《あき》ばこ

㊾□《と》㊿□《ち》

書きじゅんに 気をつけて ていねいに 書きましょう

あたらしく出たかん字 P72~P77の書きじゅん

名まえ

- 野 ヤ の（十一画） 野 野 野
- 原 ゲン はら（十画） 原 原 原
- 冬 トウ ふゆ（五画） 冬 冬 冬
- 星 セイ ほし（九画） 星 星 星
- 少 ショウ すくない すこし（四画） 少 少 少
- 走 ソウ はしる（七画） 走 走 走
- 交 コウ まじわる まざる（六画） 交 交 交
- 遠 エン とおい（十三画） 遠 遠 遠
- 強 キョウ つよい つよまる（十一画） 強 強 強

書きじゅんに 気をつけて ていねいに 書きましょう

あたらしく出たかん字 P75~P77の書きじゅん

名まえ

- 才 サイ（三画） 才 才 才
- 門 モン（八画） 門 門 門
- 弓 ゆみ（三画） 弓 弓 弓
- 矢 や（五画） 矢 矢 矢
- 谷 たに（七画） 谷 谷 谷

れんしゅうしましょう

野 野 原 原 冬 冬

星 星 少 少 走 走

交 交 遠 遠 強 強

才 才 門 門 弓 弓

矢 矢 谷 谷

ていねいに よみがなを 書きましょう

名まえ

1 野原に帰る

2 出会う

3 冬のやさしい

4 星が光る

5 数が少ない

6 新聞紙

7 公園で休む

8 竹うまの名人

9 上と下

10 右と左

ていねいに よみがなを 書きましょう

名まえ

1 男の子

2 青空

3 力もち

4 女の子

5 あなから出る

6 家に入る

7 かけ足で走る

8 丸の中

9 交たいする

10 つけ足す

ていねいに なぞり書きを しましょう

名まえ

1. 野原《のはら》に帰《かえ》る
2. 出会《であ》う
3. 冬《ふゆ》のやさい
4. 星《ほし》が光《ひか》る
5. 数《かず》が少《すく》ない
6. 新聞紙《しんぶんし》
7. 公園《こうえん》で休《やす》む
8. 竹《たけ》うまの名人《めいじん》
9. 上《うえ》と下《した》
10. 右《みぎ》と左《ひだり》

ていねいに なぞり書きを しましょう

名まえ

1. 男《おとこ》の子《こ》
2. 青空《あおぞら》
3. 力《ちから》もち
4. 女《おんな》の子《こ》
5. あなから出《で》る
6. 家《いえ》に入《はい》る
7. かけ足《あし》で走《はし》る
8. 丸《まる》の中《なか》
9. 交《こう》たいする
10. つけ足《た》す

かん字を ていねいに 書きましょう

名まえ

1 のはらに かえる
2 であう
3 ふゆの やさい
4 ほしが ひかる
5 かずが すくない
6 しんぶんし
7 こうえんで やすむ
8 たけうまの めいじん
9 うえと した
10 みぎと ひだり

かん字を ていねいに 書きましょう

名まえ

1 おとこのこ
2 あおぞら
3 ちからもち
4 おんなのこ
5 あなから でる
6 いえに はいる
7 かけあしで はしる
8 まるの なか
9 こうたいする
10 つけたす

ていねいに よみがなを 書きましょう

名まえ

1. 雨の音
2. 高いところ
3. 遠足に行く
4. きれいな雲
5. 黒ばんにはる
6. 強い力
7. もう少し
8. たくさん学ぶ
9. 楽しい時間
10. 思い出す

ていねいに よみがなを 書きましょう

名まえ

1. 天才
2. 合体させる
3. 学校の門
4. 大きな岩
5. 絵をかく
6. 星空
7. 弓矢をとばす
8. 谷川
9. 先生の名前
10. 花火が上がる

ていねいに なぞり書きを しましょう

名まえ

1. 雨《あめ》の音《おと》
2. 高《たか》いところ
3. 遠足《えんそく》に行《い》く
4. きれいな雲《くも》
5. 黒《こく》ばんにはる
6. 強《つよ》い力《ちから》
7. もう少《すこ》し
8. たくさん学《まな》ぶ
9. 楽《たの》しい時間《じかん》
10. 思《おも》い出《だ》す

ていねいに なぞり書きを しましょう

名まえ

1. 天才《てんさい》
2. 合体《がったい》させる
3. 学校《がっこう》の門《もん》
4. 大《おお》きな岩《いわ》
5. 絵《え》をかく
6. 星空《ほしぞら》
7. 弓矢《ゆみや》をとばす
8. 谷川《たにがわ》
9. 先生《せんせい》の名前《なまえ》
10. 花火《はなび》が上《あ》がる

かん字を ていねいに 書きましょう

名まえ

1. あめの おと
2. たかいところ
3. えんそくに いく
4. きれいな くも
5. こくばんに はる
6. つよい ちから
7. もうすこし
8. たくさん まなぶ
9. たのしい じかん
10. おもいだす

かん字を ていねいに 書きましょう

名まえ

1. てんさい
2. がったい させる
3. がっこうの もん
4. おおきな いわ
5. えを かく
6. ほしぞら
7. ゆみやを とばす
8. たにがわ
9. せんせいの なまえ
10. はなびが あがる

書きじゅんに 気をつけて ていねいに 書きましょう

北 ホク きた 五画
一 丨 北 北 北

牛 ギュウ うし 四画
ノ 𠂉 牛 牛

引 イン ひく ひける 四画
フ コ 弓 引

売 バイ うる うれる 七画
一 十 士 声 売 売 売

北 北 北
牛 牛 牛
引 引 引
売 売 売

あたらしく出たかん字
P79〜P81
の書きじゅん

名まえ

れんしゅうしましょう

北 北 北
牛 牛 牛
引 引 引
売 売 売

書きじゅんに 気をつけて ていねいに 書きましょう

弱 ジャク よわい よわまる 十画
フ コ 弓 弓 弓 弓 弱 弱 弱 弱

計 ケイ はかる はからう 九画
丶 亠 亠 言 言 言 言 計 計

直 チョク ジキ ただちに なおす 八画
一 十 𠂇 冇 冇 有 直 直

弱 弱 弱
計 計 計
直 直 直

あたらしく出たかん字
P79〜P81
の書きじゅん

名まえ

れんしゅうしましょう

弱 弱 弱
計 計 計
直 直 直

ていねいに よみがなを 書きましょう

名まえ

1. 北をむく
2. 草原が広がる
3. 少年の話
4. 牛や馬
5. やさいを売る
6. 遠くの山
7. 引きしまる
8. 兄弟であそぶ
9. けい馬の大会
10. 先頭を走る

ていねいに よみがなを 書きましょう

名まえ

1. 家来たち
2. 野原の草
3. 弓を引く
4. 矢がささる
5. 虫に食われる
6. がっきの音
7. ほけん室
8. 計算する
9. 書き直す
10. 弱い体

ていねいに なぞり書きを しましょう

名まえ

1. 北《きた》をむく
2. 草原《そうげん》が広《ひろ》がる
3. 少年《しょうねん》の話《はなし》
4. 牛《うし》や馬《うま》
5. やさいを売《う》る
6. 遠《とお》くの山《やま》
7. 引《ひ》きしまる
8. 兄弟《きょうだい》であそぶ
9. けい馬《ば》の大会《たいかい》
10. 先頭《せんとう》を走《はし》る

ていねいに なぞり書きを しましょう

名まえ

1. 家来《けらい》たち
2. 野原《のはら》の草《くさ》
3. 弓《ゆみ》を引《ひ》く
4. 矢《や》がささる
5. 虫《むし》に食《く》われる
6. がっきの音《ね》
7. ほけん室《しつ》
8. 計算《けいさん》する
9. 書《か》き直《なお》す
10. 弱《よわ》い体《からだ》

かん字を ていねいに 書きましょう

名まえ

1. きたを むく
2. そうげんが ひろがる
3. しょうねんの はなし
4. うしや うま
5. やさいを うる
6. とおくの やま
7. ひきしまる
8. きょうだいで あそぶ
9. けいばの たいかい
10. せんとうを はしる

かん字を ていねいに 書きましょう

名まえ

1. けらいたち
2. のはらの くさ
3. ゆみを ひく
4. やが ささる
5. むしに くわれる
6. がっきの ね
7. ほけんしつ
8. けいさんする
9. かきなおす
10. よわい からだ

まとめテスト（7）

P74
P77
P81

名まえ

（1こ2てん）

①（　　）《ひろい》

②③□□《そうげん》

二十④□《とう》の⑤□《うし》

王さまと⑥⑦□□《けらい》

⑧□《ふゆ》⑨（　　）《やすみ》

⑩⑪⑫□□□《しんぶんし》でつつむ

⑬□《ゆみ》を⑭（　　）《ひく》

⑮（　　）《とおく》の山

⑯⑰□□《さんすう》

⑱⑲□□《けいさん》

⑳□《ほし》

㉑（　　）《うる》

㉒（　　）《つよい》雨

㉓□《こく》ばん

㉔（　　）《よわる》

三人㉕㉖□□《きょうだい》

ふえの㉗㉘□□《ねいろ》

やり㉙（　　）《なおす》

二つを㉚㉛□□《がったい》させる

㉜□《きた》をむく

㉝㉞□□《のはら》

㉟□《もん》

㊱（　　）《くわれる》

けい㊲□《ば》

㊳㊴□□《こうえん》であそぶ

㊵㊶□□《てんさい》

㊷㊸□□《えんそく》

㊹□《や》をはなつ

㊺㊻□□《たにがわ》

㊼□《かず》が㊽（　　）《すくない》

㊾（　　）《はしり》だす

㊿□《こう》たいする

ていねいに よみがなを 書きましょう

名まえ

1 春の風

2 夏の海

3 朝のあいさつ

4 黄色のはた

5 店の前

6 電車にのる

7 魚がおよぐ

8 二年一組

9 国語の本

10 黒い岩

ていねいに よみがなを 書きましょう

名まえ

1 もの知り

2 金曜日の午後

3 歩き回る

4 太い毛糸

5 かみを切る

6 日記に書く

7 どうぶつ園

8 元気な弟

9 同じ形

10 百まで数える

ていねいに なぞり書きを しましょう

名まえ

1 春《はる》の風《かぜ》

2 夏《なつ》の海《うみ》

3 朝《あさ》のあいさつ

4 黄《き》色《いろ》のはた

5 店《みせ》の前《まえ》

6 電《でん》車《しゃ》にのる

7 魚《さかな》がおよぐ

8 二《に》年《ねん》一《いち》組《くみ》

9 国《こく》語《ご》の本《ほん》

10 黒《くろ》い岩《いわ》

ていねいに なぞり書きを しましょう

名まえ

1 もの知《し》り

2 金《きん》曜《よう》日《び》の午《ご》後《ご》

3 歩《ある》き回《まわ》る

4 太《ふと》い毛《け》糸《いと》

5 かみを切《き》る

6 日《にっ》記《き》に書《か》く

7 どうぶつ園《えん》

8 元《げん》気《き》な弟《おとうと》

9 同《おな》じ形《かたち》

10 百《ひゃく》まで数《かぞ》える

かん字を ていねいに
書きましょう

名まえ

1 はるの かぜ

2 なつの うみ

3 あさの あいさつ

4 きいろの はた

5 みせの まえ

6 でんしゃに のる

7 さかなが およぐ

8 にねんいちくみ

9 こくごの ほん

10 くろい いわ

かん字を ていねいに
書きましょう

名まえ

1 ものしり

2 きんようびの ごご

3 あるき まわる

4 ふとい けいと

5 かみを きる

6 にっきに かく

7 どうぶつえん

8 げんきな おとうと

9 おなじ かたち

10 ひゃくまで かぞえる

ていねいに よみがなを 書きましょう

名まえ

1. 空が明るい
2. 先週の日曜
3. 麦わらぼうし
4. 回り道
5. さむい冬
6. 台に上がる
7. じゅん番
8. 気が弱い
9. 生活科で学ぶ
10. 図画工作

ていねいに よみがなを 書きましょう

名まえ

1. 白い馬
2. 船にのる
3. 声を合わせる
4. 野山にさく花
5. 秋の草
6. 細い首
7. みんなで歌う
8. 心をこめる
9. 星の数
10. 里に帰る

ていねいに なぞり書きを しましょう

名まえ

1 空《そら》が明《あか》るい

2 先《せん》週《しゅう》の日《にち》曜《よう》

3 麦《むぎ》わらぼうし

4 回《まわ》り道《みち》

5 さむい冬《ふゆ》

6 台《だい》に上《あ》がる

7 じゅん番《ばん》

8 気《き》が弱《よわ》い

9 生《せい》活《かつ》科《か》で学《まな》ぶ

10 図《ず》画《が》工《こう》作《さく》

ていねいに なぞり書きを しましょう

名まえ

1 白《しろ》い馬《うま》

2 船《ふね》にのる

3 声《こえ》を合《あ》わせる

4 野《の》山《やま》にさく花《はな》

5 秋《あき》の草《くさ》

6 細《ほそ》い首《くび》

7 みんなで歌《うた》う

8 心《こころ》をこめる

9 星《ほし》の数《かず》

10 里《さと》に帰《かえ》る

かん字を ていねいに 書きましょう

名まえ

1 そらが あかるい
2 せんしゅうの にちよう
3 むぎわらぼうし
4 まわり みち
5 さむい ふゆ
6 だいに あがる
7 じゅんばん
8 きが よわい
9 せいかつかで まなぶ
10 ずがこうさく

かん字を ていねいに 書きましょう

名まえ

1 しろい うま
2 ふねに のる
3 こえを あわせる
4 のやまに さく はな
5 あきの くさ
6 ほそい くび
7 みんなで うたう
8 こころを こめる
9 ほしの かず
10 さとに かえる

二年生のまとめテスト(1)

名まえ

（一こ2てん）

①□《え》をかく

②□《ほん》を③〔　〕《よむ》

④□《ゆき》がふる

⑤□《はる》の⑥□《かぜ》

⑦〔　〕《ながい》⑧□《せん》

⑨⑩⑪□□□《としょしつ》

いけんを⑫〔　〕《いう》

⑬□《みなみ》の⑭□《ほう》へ⑮〔　〕《いく》

⑯〔　〕《くろい》石

⑰〔　〕《ふとい》⑱⑲□□《けいと》

⑳□《はなし》を㉑〔　〕《きく》

㉒㉓□□《どよう》の㉔㉕□□《にっき》

㉖〔　〕《たかい》木

㉗㉘□□《きいろ》

㉙㉚□□《ちょうない》の㉛□《みせ》

㉜□《ちち》の㉝㉞□□《かいしゃ》

㉟〔　〕《はれた》日

㊱㊲□□《こがたな》で㊳〔　〕《きる》

㊴□《うみ》が㊵〔　〕《ちかい》

㊶□《あね》と㊷□《いもうと》

㊸㊹□□《きしゃ》にのる

まるい㊺□《かたち》

㊻□《いま》どこですか

㊼〔　〕《おなじ》㊽□《かず》

ひき㊾□《にく》

㊿□《からだ》

二年生のまとめテスト（2）

名まえ

（一こ2てん）

①②〔　〕《あるきまわる》　③□《さかな》を④〔　〕《かう》　⑤⑥□《げんき》

⑦□《いわ》かげ　たいようの⑧□《ひかり》⑨〔　〕《しらせる》　⑩〔　〕《くみ》立てる

⑪⑫□《なまえ》を⑬〔　〕《おしえる》　⑭⑮□《こうえん》　⑯□《ひる》ごはん

⑰〔　〕《ひろい》⑱□《うみ》　⑲□《てん》と⑳□《まる》　とんぼの㉑□《はね》　㉒□《とも》だち

よく㉓〔　〕《かんがえる》　㉔㉕㉖□《いちまんえん》　㉗□《あたま》にうかぶ

㉘㉙□《ごご》　㉚□《とり》がとぶ　㉛□《かお》をあらう　㉜□《いえ》の㉝□《そと》

㉞□《なつ》の㉟□《くも》　㊱㊲□《はんぶん》　㊳㊴□《まいにち》　㊵□《から》っぽ

㊶□《あさ》のあいさつ　㊷□《あいだ》をあける　㊸□《て》を㊹〔　〕《あてる》

㊺㊻□《でんわ》　㊼□《くるま》が㊽〔　〕《とおる》　㊾㊿□《てんちょう》さん

二年生のまとめテスト（3）

名まえ

（一つ2てん）

① 〔　〕《あかるい》

② □《はは》

③ □《もん》

④ 〔　〕《したしむ》

⑤ お□《こめ》

⑥⑦ □□《おんがく》

しゅう⑧ □《り》

⑨ □《あに》と⑩ □《おとうと》

お⑪ □《てら》

⑫ □《にし》

⑬⑭ □□《おやこ》

⑮ 〔　〕《ふるい》

⑯⑰ □□《てがみ》

⑱ 〔　〕《はえる》

⑲⑳ □□《ごぜん》

㉑㉒ □□《こくご》

㉓㉔ □□《がったい》

㉕ □《よる》の㉖㉗ □□《とうきょう》

㉘ 〔　〕《うる》

やって㉙ 〔　〕《くる》

㉚ □《いけ》

㉛ 〔　〕《たべる》

㉜ 〔　〕《まなぶ》

㉝ 〔　〕《かえる》

㉞ □《なに》か㉟ 〔　〕《かく》

山㊱ □《ざと》

㊲㊳ □□《こんしゅう》

㊴㊵ □□《ひろば》

㊶ □《とき》がたつ

㊷ □《あし》を㊸ 〔　〕《とめる》

ふみ㊹ □《だい》

さか㊺ □《みち》を㊻ 〔　〕《くだる》

㊼ □《ふね》が出る

㊽ 〔　〕《あたらしい》ぼうし

㊾ □《あき》まつり

㊿ □《ふゆ》じたく

二年生のまとめテスト（4）

名まえ

（1こ2てん）

①□《うま》にのる

②□《くび》わ

③〔　〕《すこし》

四④□《かく》⑤□《けい》

⑥□《が》⑦□《よう》⑧□《し》

⑨□《せい》⑩□《かつ》⑪□《か》

⑫〔　〕《たのしい》

⑬□《えん》⑭□《そく》

⑮〔　〕《ほそい》といに

⑯〔　〕《こたえる》

⑰〔　〕《おおい》

⑱□《ゆみ》⑲□《や》をはなつ

⑳〔　〕《なき》㉑□《ごえ》

㉒□《こう》㉓□《さく》

㉔□《あま》㉕□《ど》

㉖□《むぎ》㉗□《ちゃ》

㉘□《きた》の㉙□《ほし》

㉚□《いち》㉛□《ば》

㉜□《じ》分

㉝〔　〕《うたう》

㉞□《ばん》ごう

㉟□《こころ》

㊱□《の》㊲□《はら》を㊳〔　〕《はしる》

㊴□《てん》㊵□《さい》

㊶□《たに》ぞこ

㊷□《こう》たい

㊸〔　〕《よわい》

㊹〔　〕《つよい》

㊺□《けい》㊻□《さん》をやり㊼〔　〕《なおす》

㊽□《うし》のえさ

㊾〔　〕《おもう》

㊿〔　〕《ひく》

P.13

まとめテスト（1）

P5 P8 P12

名まえ

（一こ2てん）

①雪《ゆき》が ふる　本を②読む《よむ》 ③春《はる》の④風《かぜ》 ⑤南《みなみ》へ⑥行《い》く

いけんを⑦言う《いう》 ⑧⑨図《と》書《しょ》館《かん》 ⑩字《じ》を⑪書く《かく》

⑫⑬思い出す《おもいだす》 ⑭⑮⑯土《ど》曜《よう》日《び》の⑰⑱日《にっ》記《き》を つける

なかま⑲分け《わけ》 ⑳㉑先《せん》生《せい》と㉒話す《はなす》 ひき㉓肉《にく》

㉔㉕黄《き》色《いろ》の㉖花《はな》 ㉗黒い《くろい》㉘石《いし》 わた㉙毛《げ》が とぶ

㉚太い《ふとい》㉛木《き》 せが㉜高い《たかい》 ㉝晴れ《はれ》の㉞㉟天《てん》気《き》

㊱話《はなし》を㊲聞く《きく》 ㊳人《ひと》が㊴多い《おおい》 うしろの㊵方《ほう》

㊶同じ《おなじ》㊷形《かたち》 ㊸長さ《ながさ》を はかる　いえが㊹近い《ちかい》

大きな㊺数《かず》 ㊻絵《え》 ㊼㊽音《おん》読《どく》 こん㊾虫《ちゅう》の㊿体《からだ》

13

P.24

まとめテスト（2）

P16 P20 P23

名まえ

（一こ2てん）

①生き《いき》もの ②③青《あお》色《いろ》の ふく　かんさつ④⑤名《めい》人《じん》

いろいろな⑥方《ほう》から⑦見る《みる》 ⑧花《はな》の⑨数《かず》を⑩数える《かぞえる》

⑪今《いま》から⑫行く《いく》 ⑬⑭校《こう》内《ない》 ⑮長さ《ながさ》を はかる

おとうさんの⑯⑰会《かい》社《しゃ》 よく⑱切れる《きれる》⑲⑳小《こ》刀《がたな》 ㉑貝《かい》がら

㉒姉《あね》と㉓妹《いもうと》 ㉔㉕㉖月《げつ》曜《よう》日《び》 ㉗㉘町《ちょう》内《ない》の㉙店《みせ》

㉚㉛汽《き》車《しゃ》に のる　㉜太い《ふとい》 ㉝線《せん》で㉞絵《え》を かく

㉟森《もり》に㊱近づく《ちかづく》 なわとびを㊲㊳㊴八《はち》十《じっ》回《かい》とぶ

㊵海《うみ》で およぐ　㊶赤い《あかい》 ㊷㊸夕《ゆう》日《ひ》 ㊹川《かわ》で あそぶ

㊺王《おう》さまが㊻歩く《あるく》 ㊼村《むら》の㊽田《た》んぼ ㊾林《はやし》の㊿中《なか》

24

P.36

まとめテスト（3）

P28 P31 P35

名まえ

（一こ2てん）

①魚《さかな》つり ②岩《いわ》かげ ③④教《きょう》室《しつ》に⑤光《ひかり》が さす

⑥考える《かんがえる》 ⑦広い《ひろい》へや ⑧知らせる《しらせる》 ⑨足りる《たりる》

⑩点《てん》と⑪丸《まる》 ⑫後ろ《うしろ》の⑬方《ほう》 ⑭⑮元《げん》気《き》 かべに⑯当たる《あたる》

⑰草《くさ》が⑱生える《はえる》 ⑲友《とも》だちと⑳会う《あう》 ㉑家《いえ》に かえる

㉒夏《なつ》の㉓雲《くも》 ㉔㉕公《こう》園《えん》で あそぶ　㉖昼《ひる》ごはん ㉗㉘電《でん》話《わ》

㉙頭《あたま》と㉚顔《かお》 ㉛㉜半《はん》分《ぶん》に㉝切る《きる》 ㉞㉟毎《まい》朝《あさ》 人が㊱通る《とおる》

㊲㊳組み立て《くみたて》 ㊴行《ぎょう》を かえる　㊵㊶店《てん》長《ちょう》さん

㊷花《はな》を㊸買う《かう》 ㊹鳥《とり》の㊺羽《はね》 一《いち》㊻㊼万《まん》円《えん》

㊽空《から》っぽ ㊾外《そと》あそび ㊿前《まえ》を むく

36

P.47

まとめテスト（4）

P39 P43 P46

名まえ

（一こ2てん）

①楽しい《たのしい》 ②夜《よる》 ③父《ちち》と④母《はは》 ⑤親《おや》と⑥子《こ》

⑦兄《あに》と⑧弟《おとうと》 ⑨⑩半《はん》分《ぶん》 ⑪⑫午《ご》後《ご》から あそぶ

⑬⑭午《ご》前《ぜん》中 ⑮⑯算《さん》数《すう》の もんだい ⑰⑱国《こく》語《ご》の⑲本《ほん》

⑳大《だい》すきな㉑㉒音《おん》楽《がく》 ㉓親しい《したしい》㉔友《とも》 見㉕回る《まわる》

㉖朝《あさ》の あいさつ　㉗毎《まい》日を㉘㉙元《げん》気《き》に すごす　㉚体《たい》いく

㉛晴れ《はれ》の㉜㉝天《てん》気《き》 ㉞後《あと》を おう　㉟雪《ゆき》だるま

㊱㊲大《たい》切《せつ》 お㊳金《かね》 ㊴千《せん》人 あつまる　㊵百《ひゃっ》ぴき

㊶白《しろ》と㊷黒《くろ》 ㊸赤《あか》えんぴつ　㊹青い《あおい》くつ

㊺小さな《ちいさな》 ㊻声《こえ》 ㊼間《あいだ》 ㊽数える《かぞえる》 ㊾㊿人《にん》間《げん》

47

P.59

まとめテスト (5)

P51 P54 P58

名まえ

（1こ2てん）

①②親友《しんゆう》とあそぶ　ごはんを③食《た》べる　④⑤今週《こんしゅう》　⑥⑦風車《かざぐるま》

山⑧里《ざと》　そうじ　⑨⑩当番《とうばん》　⑪⑫東京《とうきょう》タワー

⑬夜《よ》が⑭明《あ》ける　⑮台《だい》の⑯下《した》　⑰家《いえ》へ⑱帰《かえ》る

⑲秋《あき》まつり　⑳㉑金魚《きんぎょ》　㉒㉓手紙《てがみ》が㉔来《く》る

㉕古《ふる》い　㉖池《いけ》　㉗海《うみ》の㉘生《い》きもの　その㉙時《とき》をまつ

㉚何《なに》か㉛書《か》く　㉜新《あたら》しいくつ　お㉝寺《てら》のかね

㉞㉟広場《ひろば》にあつまる　㊱理《り》由《ゆう》を㊲考《かんが》える　㊳船《ふね》にのる

お㊴米《こめ》を㊵作《つく》る　ちえを㊶㊷出《だ》し合《あ》う　㊸昼《ひる》ね

㊹車《くるま》が㊺止《と》まる　㊻㊼西日《にしび》がさす　より㊽道《みち》をする

㊾㊿生活《せいかつ》

P.70

まとめテスト (6)

P62 P66 P69

名まえ

（1こ2てん）

①馬《うま》にのる　②力《ちから》を③④出《だ》し合《あ》う　⑤⑥⑦⑧図画工作《ずがこうさく》

⑨⑩⑪生活科《せいかつか》　⑫首《くび》かざり　⑬⑭自分《じぶん》の⑮心《こころ》

⑯⑰麦茶《むぎちゃ》をのむ　⑱細《ほそ》い　⑲⑳毛糸《けいと》　㉑草《くさ》が㉒生《は》える

㉓㉔㉕教科書《きょうかしょ》　㉖㉗外国《がいこく》　㉘学《まな》ぶ

㉙㉚算数《さんすう》のもんだい　㉛㉜㉝四角形《しかくけい》のはこ　㉞鳴《な》き㉟声《ごえ》

㊱㊲雨戸《あまど》をしめる　㊳歌《うた》を㊴歌《うた》う　㊵㊶市場《いちば》

㊷㊸半分《はんぶん》に㊹㊺切《き》り分《わ》ける　もんだいに㊻答《こた》える

たんけん㊼家《か》　㊽空《あ》きばこ　㊾㊿土地《とち》

P.82

まとめテスト (7)

P74 P77 P81

名まえ

（1こ2てん）

①広《ひろ》い　②③草原《そうげん》　二十④頭《とう》の⑤牛《うし》　王さまと⑥⑦家来《けらい》

⑧冬《ふゆ》　⑨休《やす》み　⑩⑪⑫新聞紙《しんぶんし》でつつむ　⑬弓《ゆみ》を⑭引《ひ》く

⑮遠《とお》くの山　⑯⑰算数《さんすう》　⑱⑲計算《けいさん》　⑳星《ほし》　㉑売《う》る

㉒強《つよ》い雨　㉓黒《こく》ばん　㉔弱《よわ》る　三人㉕㉖兄弟《きょうだい》

ふえの㉗㉘音色《ねいろ》　やり㉙直《なお》す　二つを㉚㉛合体《がったい》させる

㉜北《きた》をむく　㉝㉞野原《のはら》　㉟門《もん》　㊱食《く》われる

けい㊲馬《ば》　㊳㊴公園《こうえん》であそぶ　㊵㊶天才《てんさい》

㊷㊸遠足《えんそく》　㊹矢《や》をはなつ　㊺㊻谷川《たにがわ》

㊼数《かず》が㊽少《すく》ない　㊾走《はし》りだす　㊿交《こう》たいする

P.89

二年生のまとめテスト (1)

名まえ

（1こ2てん）

①絵《え》をかく　②本《ほん》を③読《よ》む　④雪《ゆき》がふる　⑤春《はる》の⑥風《かぜ》

⑦長《なが》い⑧線《せん》　⑨⑩⑪図書室《としょしつ》　いけんを⑫言《い》う

⑬南《みなみ》の⑭方《ほう》へ⑮行《い》く　⑯黒《くろ》い石　⑰太《ふと》い　⑱⑲毛糸《けいと》

⑳話《はなし》を㉑聞《き》く　㉒㉓土曜《どよう》の㉔㉕日記《にっき》　㉖高《たか》い木

㉗㉘黄色《きいろ》　㉙㉚町内《ちょうない》の㉛店《みせ》　㉜父《ちち》の㉝㉞会社《かいしゃ》

㉟晴《は》れた日　㊱㊲小刀《こがたな》で㊳切《き》る

㊴海《うみ》が㊵近《ちか》い　㊶姉《あね》と㊷妹《いもうと》　㊸㊹汽車《きしゃ》にのる

まるい㊺形《かたち》　㊻今《いま》どこですか　㊼同《おな》じ㊽数《かず》

ひき㊾肉《にく》　㊿体《からだ》

P.90

二年生のまとめテスト（2）

名まえ

（1こ2てん）

①②歩き回る《あるきまわる》　③魚《さかな》を④買う《かう》　⑤⑥元《げん》気《き》

⑦岩《いわ》かげ　たいようの⑧光《ひかり》　⑨知らせる《しらせる》　⑩組み《くみ》立てる

⑪⑫名《な》前《まえ》を⑬教える《おしえる》　⑭⑮公《こう》園《えん》　⑯昼《ひる》ごはん

⑰広い《ひろい》⑱海《うみ》　⑲点《てん》と⑳丸《まる》　とんぼの㉑羽《はね》　㉒友《とも》だち

よく㉓考える《かんがえる》　㉔㉕㉖一《いち》万《まん》円《えん》　㉗頭《あたま》にうかぶ

㉘㉙午《ご》後《ご》　㉚鳥《とり》がとぶ　㉛顔《かお》をあらう　㉜家《いえ》の㉝外《そと》

㉞夏《なつ》の㉟雲《くも》　㊱㊲半《はん》分《ぶん》　㊳㊴毎《まい》日《にち》　㊵空《から》っぽ

㊶朝《あさ》のあいさつ　㊷間《あいだ》をあける　㊸手《て》を㊹当てる《あてる》

㊺㊻電《でん》話《わ》　㊼車《くるま》が㊽通る《とおる》　㊾㊿店《てん》長《ちょう》さん

P.91

二年生のまとめテスト（3）

名まえ

（1こ2てん）

①明るい《あかるい》　②母《はは》　③門《もん》　④親しむ《したしむ》　お⑤米《こめ》

⑥⑦音《おん》楽《がく》　しゅう⑧理《り》　⑨兄《あに》と⑩弟《おとうと》　お⑪寺《てら》　⑫西《にし》

⑬⑭親《おや》子《こ》　⑮古い《ふるい》⑯⑰手《て》紙《がみ》　⑱生える《はえる》　⑲⑳午《ご》前《ぜん》

㉑㉒国《こく》語《ご》　㉓㉔合《がっ》体《たい》　㉕夜《よる》の㉖㉗東《とう》京《きょう》　㉘売る《うる》

やって㉙来る《くる》　㉚池《いけ》　㉛食べる《たべる》　㉜学ぶ《まなぶ》　㉝帰る《かえる》

㉞何《なに》か㉟書く《かく》　山㊱里《ざと》　㊲㊳今《こん》週《しゅう》　㊴㊵広《ひろ》場《ば》

㊶時《とき》がたつ　㊷足《あし》を㊸止める《とめる》　ふみ㊹台《だい》

さか㊺道《みち》を㊻下る《くだる》　㊼船《ふね》が出る

㊽新しい《あたらしい》ぼうし　㊾秋《あき》まつり　㊿冬《ふゆ》じたく

P.92

二年生のまとめテスト（4）

名まえ

（1こ2てん）

①馬《うま》にのる　②首《くび》わ　③少し《すこし》　四④⑤角《かく》形《けい》

⑥⑦⑧画《が》用《よう》紙《し》　⑨⑩⑪生《せい》活《かつ》科《か》　⑫楽しい《たのしい》　⑬⑭遠《えん》足《そく》

⑮細い《ほそい》といに⑯答える《こたえる》　⑰多い《おおい》　⑱⑲弓《ゆみ》矢《や》をはなつ

⑳鳴き《なき》㉑声《ごえ》　㉒㉓工《こう》作《さく》　㉔㉕雨《あま》戸《ど》　㉖㉗麦《むぎ》茶《ちゃ》

㉘北《きた》の㉙星《ほし》　㉚㉛市《いち》場《ば》　㉜自《じ》分　㉝歌う《うたう》

㉞番《ばん》ごう　㉟心《こころ》　㊱㊲野《の》原《はら》を㊳走る《はしる》　㊴㊵天《てん》才《さい》

㊶谷《たに》そこ　㊷交《こう》たい　㊸弱い《よわい》　㊹強い《つよい》

㊺㊻計《けい》算《さん》をやり㊼直す《なおす》　㊽牛《うし》のえさ

㊾思う《おもう》　㊿引く《ひく》

新版　くりかえし漢字練習プリント 2年

2021年3月10日　第1刷発行

著　　　者：原田 善造（他10名）

発　行　者：岸本 なおこ
発　行　所：喜楽研（わかる喜び学ぶ楽しさを創造する教育研究所）
〒604-0827　京都府京都市中京区高倉通二条下ル瓦町 543-1
TEL　075-213-7701　FAX　075-213-7706
HP　https://www.kirakuken.co.jp/
印　　　刷：株式会社米谷

ISBN:978-4-86277-330-2

Printed in Japan